Ln 27 20199
Ä

DISCOVRS
Funebre,

SVR LA MORT DE MON-
seigneur le premier President.

Par le Sieur de Chambonne.

A PARIS,
Et se vendenr par Pierre Laurain.
M. DC. XXVII.
Auec Pĕrmißion.

DISCOVRS
FVNEBRE.

Sur la mort de Monseigneur le
premier President.

C'EST maintenant,
belle & chaste
Nymphe qu'il faut
que vous changiez
d'habit, & que la face triste, les
cheueux espars, toute esploree
regrettiez la mort de celui qui
a surpassé le plus prudent &
plus docte homme qui aie

iamais esté veu dans l'Assemblée de l'Areopage.

De Verdun est mort, pour r'entrer dans vne seconde vie, Mourât il vo⁹ a priuée du plus beau lustre qui orne vostre visage, oüy Nymphe qui presidez par tout equitable Iustiee, arrachez de regret le bãdeau qui offusque vostreveuë, qui fait que vous estes esgalle à tous, afin de tarir les ruisseaux de larmes qui coulent de vos yeux à ceste funeste nouuelle.

Quoy dirons nous que ceste fille sans pitié qui ne respecte personne, & qui aueugle sçait bien le mal qu'elle fait, a tranché le fil de sa vie auant le têps,

à peine ceux qui l'auront co-
gneu se laisseront emporter à
ceste creance, ou cruelle ils di-
ront que la crainte que tu a-
uois de l'impuissance de ton
cyseau n'eust assez de force
pour le priuer de vie s'il re-
stoit d'auantage dans le monde, t'en a fait auancer le cours.
Celuy, dis-ie, qui apres auoir
esté honoré de tant de belles
charges est mort, & le sort la
côtrainct de payer, quoy qu'il
séblast immortel, de payer le
tribut à la Mere cômune. Bien
qu'il fnst enuoyé ça bas côme
vn œil tout voyant, pour que-
rir le mal que font tant de chi-
caneries, & prendre en main la
cause de la Vefue & des Or-

phelins oppreſſez. Il eſtoit
ce foudre de Iuſtice, qui ſça-
uoit des ſes mains rendre le
bien à ceux à qui iuſtement il
appartenoit, & en deſpit de
tant d'oppreſſeurs du peuple,
faiſoit paroiſtre l'equité par
tout où il eſtoit appellé, & ſui-
uant ſon indiſſible ſoing, & ſa
clemence il rendoit la Iuſtice
auec ordre. Auſſi il fut choiſi
parmy tant de rares eſprits qui
embelliſſent noſtre France,
comme vn parfaict exemplai-
re de tout bien, & tiré d'vne
honorable charge, pour eſtre
employé à vne plus gráde dans
ce grand Sanat de Paris, afin
que chacun admirant ſa vertu
inimitable ſuiuiſt ſes actions

vertueuſes.

Il viuoìt ſans vengeance, ſçachant qu'elle n'eſtoit bien ſeante à vn Iuſticier, ains au contraire, eſtoit gratieux & doux à toutes ſortes de perſonnes, ne preferoit le riche au moindre : ains enclin à ſecourir les pauures, & pour dóner à ceſte grande & celebre compagnie, dont il eſtoit le Chef, ſujet de ſuiure les traces de ſes bonnes mœurs. Il viuoit comme en vn Theatre ouuert, eſtát veu de tous coſtez, & ainſi que le Roy des filles du Ciel volette ſauourant la douceur d'vn parterre eſmaillé de fleurs. Ce ſage & bien aduiſé Preſident, comme Roy de ſa troup

pe fans pointes d'aucunes paf-
fions , recueilloit les aduis de
ceux qui l'affiftoient à rendre
fes iuridiques Arrefts qu'il ré-
doit d'vn parler graue, balécez
par fa prudence?

Qui eft celuy qui ait faict
profeffion de la Iurifprudéce,
& aie entédu les harágues qu'il
a faictes à l'ouuerture de plu-
fieurs Parlemens, n'ait admiré
fon fçauoir , tant fon difcours
eftoit docte & plain d'eloqué-
ce , l'on peut dire que Mer-
cure luy diftilloit en la bouche la douceur de fes paro-
les. C'eft ce qui luy a acquis
le credit enuers tout le peuple,
qu'il fçauoit facilement faire
pancher du cofté de fes iufte-
incli-

inclinations. Bref à la sortie de
si doctes discours , chacun ap-
plaudissoit en sa faueur , chacun luy donnoit des Eloges,
c'estoit vn doux Menoices en
ses harangues, dont la voix ex-
plicquoit si bien sa pensée , &
charmoit d'vn air si doux les
oreilles des escoutans, qu'il e-
stoit aisé aux assistans de com-
prendre ce qu'il disoit, sembla-
ble au Soleil, il faisoit ainsi que
disent les Mathematiciens de
ce grand Astre de la terre, le-
quel en sa course ne suit point
totalement le cours du Ciel,
ny aussi n'a pas son mouue-
ment du tout opposite, ains
biaisant par vne voye oblique
faict vne ligne qui n'est trop

violemment roide, ains tour-
noye doucement, & fon obli-
quité eft caufe de la conferua-
tion de toute chofe, maintenant le monde en fa tempera-
ture : car il tenoit en toutes
chofes le milieu, & s'il fçauoit
bien dire , il fçauoit encore
mieux faire : Mais ainfi que
Solon fut efleu par fa Prudence pour Gouuerneur d'Athe-
nes, il fut tiré pour interpreter
les Loix, dót on le peut à bon
droict nommer le Reforma-
teur, & l'on peut dire de luy ce
que dit Pindare qu'il fit main-
tes illuftres actions, afin de faire paroiftre fon luftre à l'entrée
de fa reception en fes charges.
La premiere fut de Prefi,

dent aux Requeſtes du Palais,
puis premier Preſident au Parlement de Thoulouſe, lieu dót
le feu *Roy* (Henry le Grand
d'Heüreuſe Memoire) le tira
pour venir paroiſtre dans ce
Parlement de Paris, ainſi que
le flãbeau qui eſclaire la nuiçt
parmy les brillantes Eſtoiles,
ſa gloire depuis n'engendra
point d'ennemis, & cóme di-
ſoit Póliductus de Phocion, il
faiſoit admirer en la pronon-
ciation les Arreſts & la brief-
ueté de ſon parler, d'autant
qu'en peu de mots il conte-
noit beaucoup, & diſcernoit
par ſon ſubtil iugemét, le vray
du faux, & le droict du tort, ſi
que par ce moyen il iugeoit e-

quitablemét. Et bié qu'il euſt
vne grande puiſſance, il en ſça-
uoit vſer auec rant de prudence qu'il eſtoit la Prudéce meſ-
me tant il eſtoit deſireux de la
gloire immortelle qu'il s'eſt
acquiſe en s'acquittant tres dignement de ſa charge, prefe-
rant le bien du public à ſa pro-
pre vie, & l'on luy a ouy dire
ſouuent, qu'il n'eſtoit iamais
en repos qu'au milieu du tra-
uail, & que ce qui luy auoit
donné occaſion d'auoir diuer-
ſes charges en pluſieurs pro-
uinces, il l'auoit faict en imi-
tant ce grand & ſage perſon-
nage Solon, pluſtoſt pour ap-
prendre & ſçauoir tout, que
pour l'auarice, ny le deſir qu'il

euſt d'acquerir des biens, ne ſe
glorifiât des choſes terreſtres,
s'il euſt eſté lors de l'Aſſem-
blée des Sages , à nul deſquels
il ne ceddoit, le debat ne fuſt
deuenu en Delphe : car il euſt
par deſſus eux remporté le Tir-
pié en faueur de ſes trois belles
charges qu'il a ſi ſagement &
dignement exercée les vnes a-
pres les autres , ne participant
ny à l'iniquité & violence des
rigueurs, ny à la neceſſité des
pauures , faiſant cognoiſtre
qu'il eſt plus vtile d'obeyr aux
Loix que les violer.

Ce qui fut cauſe que ſi toſt
qu'il fut Preſident au Parlement de Paris, pluſieurs gens
de qualité ſe rengent au tour

de luy pour le careſſer, donnãt
à cognoiſtre qu'ils le ſuyuóiét
pour l'excellence & ſinguliere
vertu qui eſtoit en luy, il auoit
le naturel grandement tem-
perè & eſgalement compoſé
de toutes les parties requiſes
à vn homme de ſçauoir qui
monſtraſt en ſes actions auoir
vn tres-bon ſens, l'ayant téſ-
moigné proche de ſa mort, la-
quelle ſemblable à celle de ce
Sage, qui laſſé du gouuerne-
ment de la choſe publique, ſe
retira chez ſoy où il mourut,
& comme il auoit touſiours
eſté conſtant, il ne s'eſtonna
de la mort.

Qui ne dira qu'il a gouſté
le plus grand bon-heur qui

peut arriuer à vn grand per-
sónage en sa vieillesse, & mourir d'vne mort naturelle, il n'a
ressemblé ceux qui se sont iet-
tez dans les grandes charges,
& qui auec grádes peines s'en
sont retirez : car il y a finy ses
iours sans passion, ny sans au-
cune cupidité , Dieu vueille
que nous ne nous apperçeuiós
d'vne perte si grande que trop
tard, & que l'on ne die de luy
les plaintes à la bouche & les
larmes à l'œil.

Il ne deuoit iamais estre né ,
Ou il ne deuoit iamais mourir.

FIN.

EPITAPH.

NICOLAVS VERDVNIVS.

HA NVLLI VIRO SE-
CVNDVS.

Poligu. Conf. Diuionenf.